Le Scalping est Amusant!

Partie 3: Comment puis-je évaluer mes résultats de trading ?

Heikin Ashi Trader

Sommaire

1. Le Journal de Trading en tant qu'arme 3
2. Les 12 premières semaines d'un nouveau scalper 5
    1e semaine 9
    2e semaine 15
    3e semaine 17
    4e semaine 20
    5e semaine 23
    6e semaine 27
    7e semaine 29
    8e semaine 31
    9e semaine 33
    10e semaine 35
    11e semaine 37
    12e semaine 40

3. Quelles sont les performances de trading de Jenny aujourd'hui ? 42

4. Le scalping est un business 43

Autres livres par le Heikin Ashi Trader 44

À propos de l'auteur 46

Impression 47

1. Le Journal de Trading en tant qu'arme

Peu de livres sur la gestion de l'argent existent, et encore moins pour les scalpeurs. Par conséquent, ce livre cherche à combler cette lacune et contribuer à une meilleure compréhension de ce style de trading particulier. Je suis convaincu que c'est précisément la gestion de l'argent qui souligne la position particulière du scalper dans l'univers des stratégies de trading.

Dans cette 3e partie de la série « Le Scalping Est Amusant ! », je veux montrer à travers la courbe d'apprentissage d'un seul trader de quelle façon le journal de trading, et en particulier l'analyse statistique de ces données, fournit des arguments forts en faveur du scalping.

Les scalpers, qui ont une grande quantité de données de trading, ont un certain avantage : leurs données sont les plus fiables et les plus étendues quand il s'agit d'apprendre rapidement et efficacement de leurs erreurs et de franchir le pas pour être rentable. Dès lors, le journal de trading se transforme en une arme puissante avec laquelle le scalpeur agit sur les marchés. Avec la richesse de toutes ces données, il peut effectuer son trading avec beaucoup plus de confiance. Le trader grandit avec ses données et des résultats stables génèrent de la confiance. De la confiance, à son tour, le trader peut obtenir des résultats stables.

Surtout, le scalper apprend à mieux comprendre son propre trading. Savoir que le trading et le scalping sont des jeux de probabilité qu'un trader peut maîtriser est un concept qui grandit de plus en plus avec chaque jour de trading. En utilisant l'exemple des résultats de trading d'un seul scalper, je veux montrer comment cette approche peut être passionnante et au final rentable. En tant que lecteur, vous découvrirez comment un débutant devient un trader plus sûr de lui après seulement 3 mois, et comment il commence à être de plus en plus conscient du potentiel de son propre trading. Préparez-vous à un véritable thriller financier. Alors c'est parti !

2. Les 12 premières semaines d'un nouveau scalper

Les résultats de trading dont vous allez prendre connaissance maintenant ont été obtenus auprès d'un trader que j'ai accompagné dans mon programme de *mentoring* pendant 3 mois. Cette femme, ce trader, existe et n'est pas le fruit de mon invention. Les résultats de trading sont exactement ceux qu'elle a notés au cours de ses 3 premiers mois sur les marchés. J'ai seulement changé son nom pour des raisons de discrétion et de confidentialité – je l'appellerai donc « Jenny » dans ce livre. Elle m'a permis de publier ses résultats.

Jenny avait peu d'expérience dans l'univers du trading mais elle a pris conscience de cette possibilité de gagner de l'argent grâce à mon premier livre de cette série : « Le Scalping est Amusant ! ». Elle était impatiente et disposée à en apprendre davantage. Sur la base de ses résultats, nous allons souligner toutes les erreurs classiques que les traders débutants font au début de leurs courbes d'apprentissage. Je suis reconnaissant à Jenny de m'avoir fourni ses données pour ce livre. Bien sûr, la courbe d'apprentissage est différente pour chaque trader. Mais les commentaires ultérieurs de Jenny lors des 12 premières semaines de trading montrent que la courbe d'apprentissage peut être complétée plus rapidement si vous êtes sérieusement impliqué dans un style de trading qu'est le scalping. C'est simple : plus vous faites de trades, plus vite vous gagnez de l'expérience.

Les scalpers doivent passer par des processus avec lesquels les investisseurs ordinaires ont parfois besoin de plusieurs années. Jenny a effectué environ 1 000 trades au cours de cette période. Il est clair qu'elle a ainsi eu la chance d'apprendre à trader rapidement et efficacement et elle a saisi cette chance. Pour votre information, Jenny fait du scalping exclusivement sur des devises. Au début, elle tradait des paires de devises différentes, mais, peu à peu, elle a compris qu'il valait mieux se spécialiser sur une seule. C'est également le résultat d'une courbe d'apprentissage plus rapide. Elle a donc décidé à un moment donné de ne traiter que l'EUR/USD. Bien sûr, elle a fait cela en raison de la bonne liquidité de cette paire de devises, ainsi que des spreads serrés. Elle aurait pu choisir une autre paire principale comme le GBP/USD ou l'USD/JPY mais elle se sentait évidemment plus à l'aise avec l'euro. Elle a choisi un courtier professionnel spécialisé sur le FOREX avec lequel elle s'est vue offert un modèle basé sur les commissions. Contrairement à la plupart des autres courtiers spécialisés sur le FOREX avec lequel le client paie sa commission à travers le spread (la différence entre le prix d'achat et le prix de vente), elle paiera ici une petite commission. À l'époque, il s'agissait de 2,42 euros pour un aller-retour avec un mini lot (10 000 $).

Par conséquent, elle a reçu d'excellentes conditions de trading. Avec le modèle basé sur les spreads, vous aurez facilement un écart de 1 à 1,5 pips sur l'EUR/USD. Avec le modèle basé sur les commissions, ce n'est souvent que 0,2 ou 0,4 pip en moyenne. C'est un énorme avantage ! L'euro n'a qu'à se déplacer un peu en sa faveur et elle fera déjà un profit. C'est exactement ce qui est important en tant que scalper.

En ce qui concerne les commissions, je partage avec vous ici le montant exact que Jenny a payé. Malgré les bonnes conditions, ce n'était pas aussi bon marché que cela. Bien sûr, on pourrait objecter ici que le scalping ne peut pas être rentable parce que « les commissions mangent les profits ». Je ne rejette pas cette objection. Un scalper doit juste être bon pour surmonter cet obstacle. Au début, il est certainement difficile d'imaginer que cela soit possible. Nous verrons plus souvent que, bien que Jenny ait pu produire un petit gain sur une base hebdomadaire, elle n'avait pourtant pas gagné d'argent une fois les commissions payées. C'était mon travail de lui faire traverser cette période. Pour ceux qui parviennent à faire un profit après les frais, scalper peut être rentable. Les scalpers sont parmi les traders les mieux payés sur les marchés.

Par conséquent, l'accompagnement d'un *coach* est très important lors de la phase d'apprentissage. On peut rapidement se décourager quand personne n'est à vos côtés pour vous montrer la lumière au bout du tunnel. Je sentais que mon travail consistait à créer les bases les plus larges possibles pour le scalping de Jenny. Elle en profiterait plus tard avec une expérience croissante. L'expérience, obtenue grâce aux trades quotidiens, est ce qui compte vraiment. Quelqu'un a parlé une fois de 10 000 heures requises non seulement pour apprendre une compétence mais aussi pour en acquérir la maîtrise.

Nous regardons avec admiration les meilleurs athlètes avec des niveaux de performance très élevés. Nous écoutons, enchantés, un pianiste lors d'un concert jouant un Mazurka de Chopin. Mais il y a des milliers d'exercices précédents que nous n'entendons pas ou ne voyons pas. Le 3e livre de la série « Le Scalping Est Amusant ! » est au sujet de tous ces exercices d'entraînement. Nous examinerons les progrès de Jenny. Nous verrons comment elle a essayé de devenir un scalper rentable semaine après semaine. Nous analyserons ses résultats hebdomadaires et discuterons des statistiques de ses données. Ainsi, j'espère que ce livre apportera une contribution importante à votre compréhension plus profonde du style de trading unique qu'est le scalping.

En raison de son manque d'expérience, Jenny n'avait au début aucune règle concernant la taille de ses positions. Elle l'a constamment changée, souvent le même jour. Par conséquent, nous n'impliquerons pas la taille des positions dans nos délibérations, bien que je comprenne qu'un algorithme sur la taille des positions soit judicieux, et puisse jouer un rôle dans le succès. Pour simplifier, prenons l'hypothèse d'une taille de position de 10 000 $ sur cette période de 3 mois. Ce qui compte, c'est le nombre de pips que Jenny a réalisé par trader. À partir de ces données, nous voulons apprendre et élaborer des règles pour un scalper concernant la gestion de l'argent. J'espère que le sujet, qui peut sembler être « ennuyeux », peut être passionnant. Enfin, j'espère sincèrement qu'une réflexion plus approfondie sur ce sujet accentuera la vision de ce qui importe dans le trading et le scalping.

1ᵉ semaine

Figure 1 : Les trades de Jenny, Semaine 1

						total
Monday	2,5	2,5	1			6
Tuesday	3,8	-7,6	4	1	1	2,2
Wedn.	-10	13	-10	18	5	19
	-25	18	10			
Thursd.	5	3	0,5	3,7	3	-2,8
	-8	-10	-10	10	-2,8	
Friday	8,4	-5	3	-4	-12	
	-9,6					-9,6
week 1						14,8

Jenny a fait 31 scalpe-trades lors de sa première semaine. Les chiffres dans le tableau représentent plus ou moins le nombre de pips qu'elle a réalisé. Elle a travaillé lors la première semaine avec un stop-loss fixe de 10 pips. Nous pouvons voir cela parce qu'un certain nombre de trades perdants ont effectivement terminé sur une perte de -10. Dans ces cas, les opérations ont été fermées par le système et non par sa propre initiative. C'est le cas, par exemple, des pertes de -4 ou -5. Cependant, nous voyons également que deux trades perdants étaient plus importants que les 10 pips fixes notamment mercredi avec une perte de 25 pips et vendredi avec une perte de 12 pips. La perte du vendredi est due au *slippage* – la différence entre les prix que vous visez et ceux exécutés. Cela se produit avec des ordres stop-loss beaucoup plus fréquemment qu'on pourrait penser – d'autant plus que ces ordres sont, en fait, des ordres au marché.

Le scalpeur veut que sa position soit fermée dès qu'un certain prix est atteint. Ceci est fait « au meilleur prix » et le trader prend ainsi le risque d'avoir à accepter le *slippage*. Cela arrive souvent lorsque des mouvements rapides vont à l'encontre de la position du trader et le *slippage* fait partie de ces mouvements et c'est un signe que le scalper agit sur un marché réel. Cela signifie qu'il y a de réelles contreparties à ses trades. Il peut s'agir de banques, de fonds d'investissement ou tout simplement d'autres traders. Cependant, c'est généralement un signe qu'il ne se bat pas contre un faiseur de marché ou *market-maker*. Par conséquent, le *slippage* est l'un des coûts de business de scalping et doit être considéré comme tel. Je n'ai eu aucun problème avec la perte de vendredi de -12 lors ma rencontre avec Jenny. Nous avons cependant plus longuement discuté de la perte de 25 pips du mercredi. Comment cela a-t-il pu se produire ? Ce n'était évidemment pas le résultat du *slippage*, mais le plus grand péché de tous les traders : elle a bougé son stop-loss.

Heureusement, Jenny a compris que son comportement ne lui porterait préjudice que si elle en prenait l'habitude. Si elle avait laissé son stop-loss à -10, les gains de cette semaine n'aurait pas été de 14,8 pips mais de 30 pips voire plus. Ici vous pouvez voir comment une telle erreur peut affecter négativement les résultats hebdomadaires. Néanmoins, le petit gain n'était pas si mauvais pour un débutant. Cependant, était-ce si bon ? Examinons de plus près l'analyse statistique de cette première semaine.

Image 2 : Les statistiques de Jenny, Semaine 1

trading statistics	week 1
total trades	32
win	20
loss	12
break-even	0
average win	5,82
average loss	9,5
hitrate	62,50%
payoff-ratio	0,61
expectancy	0,15

À première vue, ces résultats semblent bons. Jenny a été en mesure de compléter 20 trades sur 31 avec un profit. Seuls 11 trades se sont soldés par une perte. Le terme pour cela dans le trading correspond au taux de réussite (*hit rate*), il est ici de 62,50% lors de la première semaine. Pas mal, vous pourriez penser…mais, regardons cela plus près. Combien a-t-elle gagné avec un trade gagnant ? Le gain moyen a été de 5,82 pips. Vous obtenez ce chiffre quand vous additionnez tous les pips gagnés et divisez par le nombre de trade gagnants, à savoir 20. Certains trades gagnants ont été supérieurs à 5,82 pips, d'autres plus faibles, mais en moyenne, son bénéfice lors de cette première semaine a été de 5,82 pips.

Comment ça se passe du côté des trades perdants ? Nous voyons que la perte moyenne était beaucoup plus élevée, à savoir 9,5 pips. Cela signifie que quand Jenny perd, elle perd presque deux fois plus que quand elle gagne. Vous voyez : ça c'est un peu moins glamour. Alors comment pouvait-elle générer un bénéfice net de 14,8 pips cette semaine ? C'est bien sûr dû au taux de succès relativement élevé de 62,50%. On peut réduire le trading aux mathématiques simples de cette manière. Dans le compte rendu du vendredi, bien sûr, nous avons parlé de la moyenne élevée des trades perdants. D'une part, bien sûr, la perte individuelle de 25 pips le mercredi a été en partie responsable de la moyenne élevée de ces pertes. Cependant, pas exclusivement. Si la perte moyenne était de 9,5 pips et le stop-loss était de 10 pips, Jenny a essayé de limiter au moins certains de ses trades perdants. Elle le réalisa immédiatement, parce que ce chiffre ne peut que s'améliorer si elle réussissait à fermer rapidement ses positions perdantes.

Jetons un coup d'oeil sur le profit moyen. Peut-elle améliorer ce point là ? Ici, elle a eu de la chance car elle a admis avec franchise qu'elle avait souvent fermé le trade à deux ou trois pips de profit, bien qu'elle aurait pu bénéficier de beaucoup plus. Elle a dit clairement qu'elle préférait prendre ce petit bénéfice que d'avoir le risque de perdre encore ce petit gain. Compréhensible, bien sûr, mais ce comportement viole la deuxième partie de la règle d'or de trading : couper vos pertes rapidement et laissez courir vos profits. Avec cette attitude, elle n'a pas laissé ses profits fonctionner. Ce comportement destructeur n'est pas propre à Jenny : je l'ai observé chez beaucoup de traders débutants. Ils sont dans la croyance erronée que le taux de succès (c'est-à-dire le nombre de trades gagnants) est critique pour la réussite en trading. Ce n'est pas le cas comme les chiffres le montrent clairement. Jenny « a sauvé » son taux de réussite pour cette semaine. Après tout, elle a fait un petit bénéfice de 14,8 pips. Après déduction des commissions de 113,02 €, le résultat net de cette semaine est malheureusement négatif : -42,17 €.

Par conséquent, malgré un taux de succès élevé de 62,50%, elle a fait une perte de 42,17 € sur son compte de trading ! Dieu merci, elle a vu cela et a compris que sa propension à prendre rapidement des mini-profits ne mènerait pas à la réussite. Ses gains individuels devraient donc être plus importants et les pertes individuelles plus petites. La relation entre le gain moyen et la perte moyenne est exprimée par un autre nombre dans nos statistiques : le *Payoff Ratio*. L'objectif de chaque trade devrait être d'augmenter ce *payoff ratio* car il exprime la rentabilité beaucoup mieux que le taux de réussite. Voici la formule :

Payoff Ratio = (gain moyen) / (perte moyenne)

Regardons maintenant le chiffre du *payoff ratio* de Jenny : (5,82) / (9,5) = 0,61.

Bien que Jenny ait seulement besoin de faire deux gains pour compenser une perte, avec ce *payoff ratio* elle serait ruinée, lentement mais sûrement. Lors de la 1e semaine, elle avait été sauvée par le taux de succès mais aucune garantie n'existe pour qu'elle puisse répéter cela semaine après semaine. La probabilité tend vers zéro. En d'autres termes, le travail des prochaines semaines et des mois consisterait notamment à augmenter le *payoff ratio*. Seulement si ce nombre serait stable au-dessus de un, il y aurait une chance de devenir un trader rentable. En supposant que le taux de succès reste supérieur à 50% bien sûr.

Maintenant, il y a dans les statistiques de Jenny une dernière statistique à regarder : *Expectancy*. L'*expectancy* du trading est la moyenne des trades gagnants (ou des trades perdants) que le trader peut attendre par trade sur la base de ses données historiques. Pour calculer cette *expectancy*, nous avons besoin de trois chiffres : le taux de réussite, la moyenne des trades gagnants et la moyenne des trades perdants. La formule est la suivante :

Expectancy = (probabilité des gains * gain moyen) - (probabilité des pertes * perte moyenne)

Jenny avait un taux de succès de 62,50% dans sa première semaine de trading. Le bénéfice moyen a été de 5,82 pips. La perte moyenne était de 9,5 pips. Nous pouvons maintenant calculer son *expectancy* : (0,63 * 5,82) - (0,37 * 9,5) = 0,15.

En d'autres termes, sur la base de ses récents résultats, Jenny peut s'attendre à un bénéfice moyen de 0,15 pips par trade. Si l'on se souvient que c'est un modèle basé sur les commissions avec un spread sur l'EUR/USD entre 0,2 à 0,4 pips : il devient clair ici que Jenny n'a pas encore un système rentable, bien que son taux de succès ait suggéré cela initialement. Jenny n'a même pas fait le spread sur l'EUR/USD et elle n'a toujours pas payé ses commissions.

Après la 1e semaine, elle a clairement senti que beaucoup de travail l'attendait. La signification réelle de ces chiffres dans toutes leurs dimensions ne deviendrait évidente qu'au cours des prochaines semaines. C'est ce que l'on va voir dans ce livre.

2e semaine

Figure 3 : Les trades de Jenny, Semaine 2

								Total
Monday	-7	5,2	2,6	2,7	-10	2,3	-1	-5,2
Tuesday	-9,3	4,7	4	3,1	1,5			4
Wedn.	3,4	1,6	0,7	5,7	5,4			16,8
Thurs.	-10	-5,7	11,4	3,6	-5,1	4,2	2,9	-17,1
	3,1	3,1	-6,2	3,1	-6,2	-8	-6	
	-8	-3	1,7	4	2,1	5,3	-3,4	
Friday	3,3	-5,3	-4,2					-6,2
week 2								-7,7

Lors de la 2e semaine, Jenny a fait 41 trades, un peu plus que lors de la 1e semaine. J'ai été heureux de constater qu'elle n'a subi aucune perte majeure. À partir de jeudi, elle a décidé de risquer seulement 8 pips par trade au lieu de 10. Nous voyons donc ici 2 pertes à -8. C'est positif parce qu'elles montrent que Jenny commence à travailler « sur sa défense ». Elle commence à voir qu'il est important de limiter ses pertes autant que possible. C'est dans son cas très nécessaire, parce que concernant ces gains, nous voyons encore beaucoup de trades gagnants dont la grande majorité sont encore faibles. Apparemment, elle ne pouvait pas changer sa manie de fermer ses positions quand il y avait un petit profit. Ce comportement l'a amené à terminer la semaine avec une petite perte de 7,7 pips. Ce n'est rien de dramatique et vous pouvez appeler cela une semaine de trading normale. Elle a admis lors de notre réunion hebdomadaire qu'elle était heureuse avec un gain d'un ou deux pips. Le principal, c'était un trade gagnant. Elle a au moins maintenu des petites pertes.

Figure 4 : Les statistiques de Jenny, Semaine 2

trading statistics	week 2
total trades	41
win	25
loss	16
break-even	0
average win	3,63
average loss	4,78
hitrate	61,00%
payoff-ratio	0,76
expectancy	0,43

Nous examinons les données de la 2e semaine. Jenny a fait 41 trades dont 25 gagnants, ce qui signifie un taux de réussite de 61%. Ce taux n'est que très légèrement différent du taux de succès précédent et illustre le besoin de Jenny « pour collecter des trades gagnants ». Nous sommes désolés de constater que le profit moyen de la 2e semaine a même diminué. Il est maintenant à 3,63 pips. Du côté de la perte, ça s'améliore cependant. Ici, le nombre est plus faible : la perte moyenne était de 4,78 pips cette fois. Puisque la perte est encore plus grande que le gain, le *payoff ratio* est bien sûr encore faible. C'est un peu meilleur que la semaine précédente, mais avec 0,76, c'est encore inférieur à 1. Sa stratégie a donc toujours une faible rentabilité. La probabilité d'être ruiné est toujours vraie. Cependant, l'*expectancy* s'est améliorée. Cette fois, Jenny pourrait s'attendre à 0,43 pips par trade. Bien que cela ne soit pas encore beaucoup, c'est clairement supérieur à 0,2. Exprimée en euros, elle a réalisé une perte de 7,25 € pour cette semaine et les commissions lui ont coûté 106,36 €. Il en résulte une perte totale de 113,61 €.

3e semaine

Figure 5 : Les trades de Jenny, Semaine 3

							total
Monday	-4,9	4,9	-5,9	-7,5	6,5	5,5	-6,2	-29,1
	-2,4	6	5,1	-8,4	4,9	-5,3	-5,1	
	5,2	-5,8	-10	-11,2	-10,2	7,3	8,4	
Tuesday	-2,4	-5,4	3,4	5,8	5,7	-0,7	3,3	49,5
	4,1	10,2	5,4	12,5	3,3	4,3		
Wedn.	5,8	4,9	3,5	4,9	4	-4	7,1	26,2
Thursd.	6,9	2,6	2,1	11,4	7,3	2,3	2,8	72,6
	9,5	1,3	4	2,5	3,7	1,9	1,9	
	-3	-1,7	4,5	-4,9	6	1,3	3,2	
	1,7	4	1,3					
Friday	2	2,1	2,5	4,5	12,5	2,6	3,5	32,2
	2,5							
week 3								151,4

Jenny a été active lors de cette 3e semaine. Surtout le jeudi avec ses 24 trades. Ce qui est frappant ce sont les nombreux gagnants alors qu'il y a peu de trades perdants. Le trading du lundi était encore une conséquence du *slippage*. Le résultat de 151,4 pips sur la semaine était excellent. Cependant, nous devons dire que la grande majorité des trades gagnants restent petits. Lors du débriefing, elle a dit qu'elle voulait éviter avant tout les trades perdants. En d'autres termes, elle a joué « à ne pas perdre » au lieu de jouer à gagner. Si c'est une bonne semaine comme celle-ci, un bon résultat peut en sortir. Dans les mauvaises semaines avec des taux de succès plus bas, la somme des trades gagnants ne peut pas dépasser la somme des trades perdants et le résultat hebdomadaire est négatif.

Figure 6 : Les statistiques de Jenny, Semaine 3

trading statistics	week 3
total trades	73
win	54
loss	19
break-even	0
average win	5,1
average loss	3,39
hitrate	73,24%
payoff-ratio	1,5
expectancy	3,27

De plus, c'est vrai qu'à première vue, les chiffres sont bons. Pour la première fois, le gain moyen est bien au-dessus de la perte moyenne. Le *payoff ratio* est donc nettement supérieur à un. Cependant, ce bon résultat a principalement été réalisé grâce au taux de succès élevé de 73,24%. Ici, nous voyons un modèle clair. Jenny est une personne qui ne veut surtout pas perdre. Elle préfère encore un mini-bénéfice d'un ou deux pips plutôt que de réaliser des profits élevés en moyenne avec le risque d'avoir encore quelques trades perdants.

J'ai souligné chaque semaine qu'elle essayait d'atteindre son résultat net en particulier avec le taux de réussite. La plupart des débutants ont ce problème. Ils pensent qu'un taux de succès élevé = un bénéfice élevé. Après la 3e semaine, le fait de savoir que ce comportement ne produit pas le résultat souhaité à la fin, n'était peut-être pas encore clair. Cette critique de ma part pourrait sembler un peu dure, considérant qu'elle avait travaillé de façon disciplinée pendant deux semaines et obtenu un très bon résultat avec 151 pips. Cependant, je savais par ma propre expérience que si un trader ne peut pas surmonter un certain schéma comportemental spécifique, cela mène éventuellement à des résultats très négatifs.

Il ne faut pas oublier qu'elle a crée de nombreuses commissions avec ces mini-profits d'un ou deux pips. Bien sûr, de cette façon, elle a rendu son courtier riche et heureux. Exprimée en euros, Jenny pourrait gagner 153,55 € la 3e semaine et ses commissions s'élèvent à 113,77 €. Le résultat net a donc été de 39,78 € cette semaine. Cela semble peu quand vous considérez qu'elle a gagné au moins 151 pips. Cela vient du fait qu'elle a scalpé lundi avec une position de

30 000 $. Malheureusement, lundi était son seul jour perdant. À partir de mardi, elle a seulement scalpé avec 10 000 $.

4e semaine

Figure 7 : Les trades de Jenny, Semaine 4

								Total
Monday	5,6	7,3						12,9
Tuesday	-1,8							-1,8
Wedn.	3,6	3	-8,4	0,9	-6,2	9,2	1,3	33,15
	-9,7	6,6	5,25	1,8	6,7	8,2	-5,4	
	6,3	-4,8	6,3	4,9	3,6			
Thursd.	3,2	-10	8,3	4,5	3,5	-11	-11,3	-30,1
	2,7	3	-12,5	6,3	16,3	3,6	0,8	
	-9,7	-10,6	-11,7	6,3	-6,4	-7,7	-4,2	
	3,8	-7,8	-7,7	4,4	3,2	2,7	4,9	
	3,9	8	3,2	3	-14,5	2,7	-3,3	
Friday	-9	-9	-8	1,8	2,66	3,3	5,8	22,66
	3,7	11	5	3,8	3	2,4	3,3	
	-5,7	8,6						
week 4								36,81

Dans sa 4e semaine, Jenny a fait à nouveau 73 trades. Cependant, lundi et mardi elle s'est un peu calmée et puis elle a accéléré de nouveau mercredi et jeudi. Du lundi au jeudi, elle a scalpé avec 10 000 $ et après la perte jeudi, elle a utilisé une mini-position de 5 000 $ vendredi. Cela a bien sûr pesé sur le résultat net.

J'appellerais cette 4e semaine, une semaine de consolidation typique. Chaque activité de trading a besoin de ce genre de semaines. Les compétences doivent être davantage maitrisées, peut-être sans grands résultats. C'est important parce que ce n'est seulement qu'après plusieurs centaines de trades que le scalper est de plus en plus confiant dans ses propres capacités. Quand il tient son journal de trading de façon constante, cela soutient sa confiance et stabilise ses résultats.

Figure 8 : Les statistiques de Jenny, Semaine 4

trading statistics	week 4
total trades	73
win	49
loss	24
break-even	0
average win	4,1
average loss	5,16
hitrate	67,12%
payoff-ratio	0,79
expectancy	0,55

Quand j'ai regardé les statistiques de Jenny pour la 4e semaine cependant, j'ai senti que ma critique de la semaine précédente se confirmant. Bien que le taux de succès ait été presque identique (légèrement plus faible), le *payoff ratio* ne semble pas si bon que cela. L'*expectancy* est de 0,55 encore au-dessous d'un. Jenny peut faire ce qu'elle veut. Si elle ne parvient pas à surmonter définitivement son comportement, elle aura du mal à être constamment rentable. Les bonnes semaines comme la 3ᵉ semaine sont alors des résultats aléatoires, mais pas le résultat de sa propre capacité. Les chiffres en témoignent clairement.

Au cours des 4 premières semaines et du premier mois, nous avons pu faire une évaluation initiale. Malgré mes objections, j'ai complimenté Jenny parce qu'elle pouvait déjà scalper plutôt bien pour une débutante. Ce style de trading lui convenait assez bien. Elle avait rapidement appris qu'il était important de limiter ses pertes. À l'époque, le stop-loss fixe était encore à 9 pips. Cela me semblait encore un peu élevé, mais au débriefing, elle a défendu cette décision en raison de la volatilité de la paire EUR/USD. Elle a mentionné que beaucoup de bougies sur le graphique en 1 minute ont montré considérablement plus de volatilité que 9 pips. Je savais que ce serait un point de discussion à l'avenir, mais elle va continuer à scalper avec ce stop-loss.

Elle a donc fait 234 scalpe-trades lors de son premier mois et elle a gagné 205,7 pips. C'est remarquable pour un trader débutant. Cependant, les commissions continuaient de la tuer : le résultat net était de -137,5 €, ce qui reste dans les limites. Mais j'ai trouvé ce résultat très bon néanmoins, car il montre qu'elle n'était pas loin d'être rentable. Un résultat légèrement meilleur dans certains indicateurs importants comme le *payoff ratio* permettraient d'avoir plus d'argent sur son compte. N'oublions pas que dans la phase initiale elle fait toujours du scalping avec de très petites positions. Avec un stop-loss de 9 pips et une position de 10 000 $, ça signifiait qu'elle ne risquait que 9 $ par transaction. C'était juste une fraction de son capital disponible. Il fallait d'abord apprendre et dominer le jeu. Une taille des positions plus grande serait un problème pour plus tard.

5ᵉ semaine

Figure 9 : Les trades de Jenny, Semaine 5

							total
Monday	-3,5	2,8					-0,7
Tuesday	2,8	8,2					11
Wedn.	-4,6	-9,4	-9,4	-4,3	3,5	1	3,1	38,5
	7,4	9,6	19,2	0,7	2,4	4,3	7,2	
	4	3,3	6,4	3,7	9,7	-20,5	1,2	
Thursd.	4,7	-1,6	2	2,4	-6,4	-7,3	-9,9	-141
	3,2	7,7	7,4	-4,1	2,8	4	-1,7	
	-41	-21	-37	-32	-17	-13	-16	
	-9	-9	5	12	3,5	8	-4,5	
	10	18	1	-1	4	-5		
Friday	4,6	10	9	2	5	-10	5,5	-9,4
	1,5	-21,5	5	-13	4	-9	4	
	9	11	2,6	-9	8	7	-19	
	-8	7	13	-18	-9	-11	3	
	-11	-10	-12	5	-9	-8	5	
	-10	-9	-8	5	7	11	11	
	6	6	-3	-3	10	1,5	8	
	-1,6	6	2	-3	-3	-9	4	
	1,5	-9	1,5	-10	-6	-5	-6	
	9	2	-3	6	17	-6	6	
	-6	1	6	1	5	5	6	
	4	4	3	1,5	-13	3,5		
week 5								-101

La 5ᵉ semaine, Jenny a montré quelque chose qui arrive même à de nombreux traders expérimentés : une rechute dans de vieilles et mauvaises habitudes. Le cerveau humain est une chose merveilleuse. Bien que l'observateur ait pu avoir l'impression que Jenny était disciplinée, quelque chose s'est passée cette semaine qui ne devrait plus être autorisée. Ça a fait mal. Lundi et mardi, Jenny n'a pratiquement pas fait de scalping. Mercredi, elle est devenue un peu plus active. Ca promettait également d'être une très bonne journée car vers la fin de son trading, elle était proche d'un gain de 60 pips ! Puis c'est arrivé (flèche rouge). Était-ce parce qu'elle venait juste de très bien scalper et qu'elle se sentait plus téméraire ? Peut-être subissait-elle un blackout? Quoi qu'il en soit, il y a une soudaine perte de 20,5 pips qui est apparue. Donc, 11 pips plus que permis. Elle a au moins eu la présence d'esprit d'arrêter de scalper. Après tout, ça fait toujours 38,5 pips de profit pour la journée. Par conséquent, en dehors de ce dérapage, tout semblait bien.

Jeudi a commencé sans aucun résultat spectaculaire. Après 14 trades, elle avait un bénéfice de 3,2 pips. Ce n'est pas quelque chose sur lequel vous devez vous inquiéter. Etait-ce par impatience ? Frustration ? Ou l'impact négatif du malheur d'hier ? Quoi qu'il en soit, Jenny a réussi à faire 177 pips de perte dans les 7 trades qui ont suivi. Une véritable dégringolade ! La plus grande perte a été le premier trade avec 41 pips. Elle a alors probablement essayé, dans une sorte de désespoir, de compenser cette perte. Cependant, ces 13 trades n'ont que très peu apporté. Comment auraient-ils pu ? La discipline a disparu et le respect de ce qui avait été fait lors des dernières semaines de travail détruit en un instant. Comment cela a-t-il pu se produire ?

C'est un phénomène que je connais très bien moi-même et je sais que beaucoup de collègues doivent passer par là. On agit alors contre la raison et on détruit son propre travail. Si Jenny avait laissé ses stop-loss constamment à 9 pips, seule une perte de 63 pips aurait alors été analysée ici. Comme on peut le voir, elle a eu 10 pertes successives. Cette statistique appartient entièrement aux possibilités. Mon propre record était 15 !

Si elle avait tradé avec son système systématiquement, alors nous parlerions simplement d'une mauvaise journée. Cependant, de cette façon, elle a brisé ses gains hebdomadaires. Le pire était le fait qu'un tel comportement peut miner la confiance d'un trader pendant longtemps. Ce résultat est bien sûr beaucoup plus grave. Si elle avait traversé ce *drawdown* de façon courageuse et disciplinée, une perte journalière de 70 pips pourrait arriver. Avec les gains de la veille, son P/L de jeudi était -20 pips. Qui sait, avec un peu de chance, le vendredi pourrait être entrainé la semaine en territoire positif. Malheureusement, elle a essayé vendredi de compenser cette série négative avec le sur-trading. Elle a fait 83 trades, ce qui ne l'a pas aidée. Ces trades n'ont produit que des commissions. Il est également intéressant de voir comment un simple dérapage apparemment inoffensif le mercredi (flèche rouge) l'a entraînée dans une spirale négative. Vous pouvez seulement espérer que c'est vendredi et donc bientôt le week-end, vous pourrez donc utiliser ce temps pour retrouver vos sens.

Figure 10: Les statistiques de Jenny, Semaine 5

trading statistics	week 5
total trades	142
win	84
loss	58
break-even	0
average win	5,2
average loss	6,91
hitrate	66,00%
payoff-ratio	0,75
expectancy	1,08

Examinons les statistiques de Jenny : nous voyons qu'il n'existait aucune raison de s'extasier. Son taux de réussite est stable entre 60 et 70%. Seule sa perte moyenne a beaucoup souffert avec ce jour négatif. Tout resterait dans le cadre, si elle n'avait pas changé ses stop-loss. Bien que les gains soient encore trop petits, elle joue toujours à « ne pas perdre » plutôt que d'essayer de gagner, mais les dégâts auraient été limités. Inutile de dire que compté en euros la semaine était bien sûr mauvaise. En plus des commissions élevées de 194,35 €, on doit ajouter 132,01 € de perte. Dans l'ensemble, un solde négatif de 326,36 € !

6ᵉ semaine

Figure 11 : Les trades de Jenny, Semaine 6

								Total
Monday	2,5	-5,2	-9,3	3,1	1,1			-7,8
Tuesday	2,4	1,8	6	-2,4	4,8	-3,9	1,3	8,9
	-1,1							
Wedn.	-8,5	-10,5	2,8	4,5	-2,6	-4,9	-1,5	9,6
	10,3	-6,5	-8,9	-5,3	4,8	6,4	5,7	
	3,5	2,6	7,1	1,7	4,7	-5,2	-8,6	
	3,2	-7,3	5,1	9,2	1,6	4,2	2	
Thursd.	-3	-8,5	4,5	4,2	1,6	-3,2	5,9	-6,7
	-20,7	3,7	3,8	2,6	2	-8,7	3,1	
	3,8	-7,9	4,6	-5,4	3,6	3,5	-7,6	
	-8,2	-7,1	-7,2	3,8	3,9	-4,3	-7,4	
	4,7	16	-3,7	8,7	-2,7	4,5	3,6	
	4,2	2,6						
Friday	5,7	2,5	5,3	2,3	-3,4	3,5	-7,5	20,3
	1,6	5,5	1,1					
	3,7							
week 6								24,3

Après sa mauvaise semaine précédente, il était bien sûr passionnant de voir comment Jenny allait faire face à cette rechute. Si vous regardez les résultats de la 6ᵉ semaine, vous pouvez voir qu'elle a réussi à faire une sorte de « retour aux affaires ». Les chiffres étaient à nouveau normaux, à l'exception d'un dérapage jeudi (-20,7 en rouge). Cependant, cela vient du fait qu'elle avait oublié de mettre son stop-loss. Cela arrive dans la vie d'un trader. Pourtant, les gains sont trop faibles, mais au moins le côté défensif se maintient.

Figure 12: Les statistiques de Jenny, Semaine 6

trading statistics	week 6
total trades	89
win	56
loss	33
break-even	0
average win	3,41
average loss	5,1
hitrate	62,92%
payoff-ratio	0,66
expectancy	0,21

Les statistiques montrent la cohérence avec laquelle Jenny effectue ses trades atteignant un taux de réussite entre 60 et 70%. Avec la perte moyenne de 5,1, elle peut très bien vivre, surtout depuis qu'elle a commencé à travailler cette semaine avec un stop-loss de 8 pips. Je trouve toujours que 8 pips c'est encore beaucoup pour un scalper, mais c'était sa décision. Puisque les gains étaient nettement inférieurs aux pertes, le *payoff ratio* est faible pour cette semaine, ainsi que l'*expectancy*. Elle avait eu jeudi un trade gagnant de 16 pips. Je lui ai demandé, bien sûr, comment cela s'était produit et s'il serait possible d'obtenir plus de ces trades gagnants. Cela améliorerait considérablement son *payoff ratio*. Au moins, elle a fait 24 pips cette semaine, ce qui représente un gain de 76,29 €. Ses métiers ont entraîné des commissions de 166,38 €. La semaine s'est donc conclue avec une perte de 90,09 €.

7ᵉ semaine

Figure 13 : Les trades de Jenny, Semaine 7

								Total
Monday	-6	-6,4	11,3	-6,2	-5,7	-6,3	-7,1	⇩ -17,8
	1,9	6,7						
Tuesday	-3,6	6,9	-3,2	3,8	1,8	1,9	-3,9	⇧ 13,6
	-3,6	2,1	1,5	3,9	1,8	4,2		
Wedn.	-6,4	-3,1	-11,8	8,3	4,8	-4,3	-6	⇧ 19,1
	-1,7	-3,7	13,4	4,2	3,7	2,5	1,9	
	-6,3	4,2	7,7	4,6	-6,2	10,6	-6,4	
	5,5	3,6						
Thursd.	-3,6	-6,1	-4,6	-3,9	-4,6	-6,2	5,7	⇩ -14
	4,1	2,3	-6,7	3,7	-6,7	3,4	-6,2	
	-6,7	-7,4	-6	-6,1	-7,5	-5,6	-7,5	
	12,6	4,5	-6,3	13,3	2,5	8	15,7	
	15,4	-2,4	-4	2,5	7,4	14	-6,6	
	-6,6	2	-6,9	-6,1	4,6	4,6	-6	
	3,9							
Friday	6,6	-6,2	3,1	1,8	-6,1	-6,4	-2,7	⇧ 12,1
	8,3	6,9	6,8					
week 7								⇧ 13

Lors de la 7ᵉ semaine, Jenny a fait 97 trades. Comme toujours, les jours avec le plus de trades étaient le mercredi et le jeudi. J'ai compté 6 trades de plus de 10 pips. Elle a ainsi réussi à réaliser des bénéfices plus importants. Chaque trade a ses propres difficultés. Les siennes étaient qu'elle avait peur de perdre et elle fermait donc immédiatement ses positions au moindre profit. Je savais qu'elle pourrait devenir un trader rentable uniquement si elle était capable de résoudre ce problème.

Figure 14 : Les statistiques de Jenny, Semaine 7

trading statistics	week 7
total trades	97
win	50
loss	48
break-even	0
average win	5,59
average loss	5,28
hitrate	51,02%
payoff-ratio	1,05
expectancy	0,2

Cette tendance positive se reflète également dans ses chiffres. On constate que le gain moyen (5,59) était légèrement supérieur à la perte moyenne (5,28). Dans un effort pour obtenir de plus grands profits, le taux de succès a chuté comme prévu à 51.02%. Pour moi, c'était logique. Ce faible taux de réussite ne doit pas nécessairement rester, mais si vous investissez beaucoup d'énergie dans l'apprentissage de nouvelles choses, vous devez souvent accepter des pertes à un autre endroit. Cela explique l'*expectancy* encore faible. Le *payoff ratio* est enfin supérieur à un. Elle a fait 13 pips cette semaine, ce qui signifiait un bénéfice de 46 € (la taille de ses positions était entre 15 000 $ et 30 000 $). Après des commissions de 220 €, la perte atteint 174 €.

8ᵉ semaine

Figure 15 : Les trades de Jenny, Semaine 8

								total
Monday	-2,2	7,4	-1,2	-3,3	-6	-3,5		⇨ -3,1
	7,2	-1,5						
Tuesday	1,9	4,4	1,7	-1,4	-6,5	2,6	1,9	⇨ -1,3
	-1,8	1,3	-3,6	-1,8				
Wedn.	-3,5	-3,1	-1,3	-2,9	-3,3	-2,3	-4,4	⇩ -38,55
	-6,3	-7,25	-6	3,5	-1,7			
Thursd.	-4,5	-4,1	-3	7	3,9	4,2	-0,5	⇧ 35,2
	7,8	2,4	-2,9	2,3	-2,8	-4,9	6,5	
	-3,5	1,7	2	3,2	2,5	6,4	5,2	
	2,1	3,4	2,2	-5,2	1,5	2,3		
Friday	-6,9	-6,1	11,6	2,5	-2,4	1,8	-6,8	⇩ -18,2
	-3,7	-8,2						
week 8								⇩ -25,95

Lors de la 8ᵉ semaine, Jenny a fait 64 trades. À la fin de la semaine, le résultat est une perte de près de 26 pips, ce qui était dû au fait qu'elle ne fait toujours pas de gros profits. La tendance de la semaine passée n'a pas été respectée. Néanmoins, il fallait noter quelque chose de positif : Jenny a travaillé à partir de cette semaine avec un stop-loss de seulement 6 pips. J'ai interprété ça comme un pas en avant et je l'ai félicitée pour cela. Voyons ce que cela signifiait pour ses statistiques.

Figure 16 : Les statistiques de Jenny, Semaine 8

trading statistics	week 8
total trades	64
win	30
loss	34
break-even	0
average win	4,42
average loss	3,68
hitrate	47,00%
payoff-ratio	1,2
expectancy	0,12

Ses chiffres le montrent clairement : son gain moyen était supérieure à sa perte moyenne. Le *payoff ratio* est resté supérieur à un. Seule *l'expectancy* était faible, mais cela avait bien sûr à voir avec le faible taux de réussite et les bénéfices toujours petits.

9ᵉ semaine

Figure 17 : Les trades de Jenny, Semaine 9

								Total
Monday	-5,9	1,3	1,8	1,1	-6,7	-3,5	-7,1	⇧ 3,3
	4,5	1,5	2	6,2	3,9	1,7	2,5	
Tuesday	1,5	-6,3	-7,1	2,5	-2,5	-6,8	3,4	⇩ -33,2
	-0,2	-3,6	2,5	-2,3	-4,5	-4,3	-5,5	
Wedn.	-6,6	2,2	-2,2	5,3	1	-0,1	-6,1	⇧ 17,7
	2,8	2,9	2,1	3	2,8	1,7	1,6	
	1,2	1,5	1,9	3,9	1,3	-3,4	0,9	
Thursd.	3,2	3,1	-2,6	3,3	3,6	-5	-5	⇩ -15,8
	3,8	-5	5,4	5,5	4	3,9	-5,2	
	-5,1	-5,3	5,9	0,8	-4,1	0,9	2,1	
	2,9	-2,4	-6,4	-2,4	-5,4	4,5	6	
	-4,4	3,9	2	-3	8,4	6,9	-7,3	
	1,2	1,1	2,6	-2,5	1,3	4,3	5,7	
	-5,4	-5,2	-5,3	8,9	-5,2	4,2	4	
	-0,2	-6,5	-4,4	8,1	-5,2	-6	-5,4	
	-7,6	-6,1	2,5	-6,8	7,9	1,6	-5,2	
	-6,7	4,8	3,5	-5,9	1,1	-3	2,5	
Friday	2,5	3,6	-5,5	-2,7	-5,2	3,5	1,3	⇧ 1,3
	-5,1	7,4	-5,1	2,5	5,3	-8,4	7,2	
week 9								⇩ -26,7

Jenny était évidemment très motivée lors de sa 9ᵉ semaine et a fait 133 trades. Surtout le jeudi où elle était très active, mais sans succès. Malgré les nombreux trades, elle a fait une perte de 26 pips. Bien sûr, cela fait partie aussi à la courbe d'apprentissage d'un trader de reconnaître **quand votre performance n'est pas bonne. Je n'ai rien à dire contre 60 trades en une journée tant que ces trades sont des trades gagnants. Ce n'était clairement pas le cas jeudi. « Être occupé » au mauvais moment n'apporte rien au** trading. Cela se reflète dans le résultat bien sûr. Cependant, elle m'a dit qu'elle avait travaillé mercredi seulement avec un stop-loss de 5 pips. « Jenny commence à voir la lumière » pensai-je alors. Si ça ne fonctionne toujours pas concernant les bénéfices, au moins elle construit une défense solide. C'est le 1e élément important d'une entreprise de scalper: Assurez-vous que vous perdez le moins possible, si vous perdez.

Figure 18 : Les statistiques de Jenny, Semaine 9

trading statistics	week 9
total trades	133
win	75
loss	58
break-even	0
average win	3,09
average loss	4,79
hitrate	56,00%
payoff-ratio	0,38
expectancy	-0.37

Comme nous pouvons le voir, ses efforts ne sont pas encore transformés en bons chiffres. L'*expectancy* était même négative cette semaine. C'est un point où beaucoup abandonnent. Elle était complètement découragée lors de notre réunion du vendredi et j'ai du faire de mon mieux pour la convaincre de continuer. Chaque trader subit ce genre de moments et ce n'est pas évident que l'on doive continuer si ses propres efforts ne mènent à rien et ne sont pas visibles.

10ᵉ semaine

Figure 19 : Les trades de Jenny, Semaine 10

								Total
Monday	-2,7	-5,6	4,4	-5,1	-5,1	-5	-5,3	
	-5,4	7,7	11,1					
	-2	2						-11
Tuesday	-5,4	1	10,9					
	-5,4	1,7	1,1	5,1				9
Wedn.	-5,5	-5,1	13,6	8,7	-5,5	-5,4	4,1	
	-5,2	-4,2	-5,2	12,1	-5,9	7,1	3,3	
	3,4	1,3	-6,5	-5,2	-4,6	-7,4	9,1	
	6,3	-5	-5,5	4,3				-7
Thursd.	1,5	6,4	-2,3	5,2	-5,9	5,6	1,5	
	-5,2	12,6	9,3	5,7	-4,4	-5,6	-10,5	
	-5,4	10,6	-5,5	-6,3	-6,9	-5,8	16,1	25
	3,8	-4,8	3,7	6,2	5,3	0,5		
Friday	4,1	2,6						6
week 10								22

Lors de la 10ᵉ semaine, quelque chose s'est passé que j'avais longtemps espéré. Soudain, les trades gagnants étaient plus importants. Jenny a réalisé plusieurs trades gagnants de plus de 10 pips sur 4 jours sur 5 ! Son stop-loss était encore à 5 pips mais les chiffres ont montré clairement que quelque chose a changé. Elle a gardé ses trades gagnants plus longtemps et ne les a pas fermés immédiatement dès qu'elle obtenait un ou deux pips de profit. Bien sûr, je l'ai vraiment félicitée pour ce succès dont elle a également beaucoup apprécié. Il n'a pas regardé de cette façon dans les semaines précédentes que ce serait encore possible qu'elle a elle-même bien apprécié ! Bien que le bénéfice sur la semaine soit encore modeste avec 22 pips, j'étais sûr que nous verrions bientôt des trades gagnants de 20 pips et plus. Cela, bien sûr, fait toute la différence si elle continue de limiter ses trades perdants d'une manière disciplinée.

Figure 20 : Les statistiques de Jenny, Semaine 10

trading statistics	week 10
total trades	73
win	37
loss	36
break-even	0
average win	4,69
average loss	4,02
hitrate	50,68%
payoff-ratio	1,16
expectancy	0,33

Jenny a fait 73 trades cette semaine. Le bénéfice moyen a de nouveau été supérieur à la perte moyenne, ce qui a considérablement amélioré son *payoff ratio*. Seule l'expectancy était un peu faible, mais j'étais sûr que cela changerait bientôt. Comment cette amélioration soudaine s'est-elle produite maintenant ? Finalement, c'était une petite mesure que je lui avais conseillée la semaine précédente. Elle m'avait dit qu'elle mettait le stop-loss au point d'équilibre dès que la position gagnait quelques pips. Je ne le savais pas avant la 9e semaine et je lui ai demandé de ne plus le faire à partir de la 10e semaine. Le résultat de cette action s'est immédiatement traduit en de meilleures statistiques. Ces choses se produisent plus souvent dans une courbe d'apprentissage. En principe, le trader comprend relativement rapidement ce qui est important. Il n'est pas nécessaire d'être un génie en mathématiques pour vraiment comprendre la relation entre ces ratios statistiques simples. Pourtant, parfois, il suffit de petits changements dans le comportement du trading, qui font la différence entre le profit et la perte. J'avais donc, après cette 10e semaine, le sentiment qu'elle avait atteint une percée, d'autant plus que le changement s'est fait profondément dans son modèle de base, à savoir jouer toujours pour la sécurité. Jenny avait commencé à jouer pour gagner.

11e semaine

Figure 21 : Les trades de Jenny, Semaine 11

							Total
Monday	-5	8,5	-2	-5,2	2,1	3,6	-5
	2,2	-5,2					-6
Tuesday	-5	2,7	2,3	-1,1	-0,4	-0	8,5
	1,9	-5,3	2,1	5,6	-5,6	2,7	8
Wedn.	8,1	-4,3	3,6	1,9			9
Thursd.	2,7	4,5	24,5	3,9	10,2	1,7	-5,6
	4,2	-5,1	-4,9	-5	10,3	-5	36
Friday	5,5	-5	-5,7	-6	-4,7	-5	7,1
	-5,1	3,8	3,6				-11
week 11							36

Jenny a fait 49 trades lors de la 11ᵉ semaine. Grosse surprise ! Jeudi, c'est finalement arrivé : Jenny a fermé un trade avec un bénéfice de 24,5 pips ! Nous en avions souvent parlé : si elle réussissait, de temps en temps, à réaliser un plus grand profit, cela ferait toute la différence. Ce seul trade gagnant a été responsable de 68% de ses gains hebdomadaires. Ca ne peut ne pas toujours être le cas que de grands trades gagnants aient un tel poids dans la performance totale. On peut en toute sécurité atteindre des bénéfices de 10 ou 12 pips comme bons résultats. Néanmoins, je suis d'avis qu'un « jackpot » occasionnel augmente considérablement les résultats, sans parler de la confiance gagnée par de tels trades.

À cela, s'ajoutait sa compréhension – il suffit souvent de scalper 2 heures par jour. Trop souvent, elle a connu l'expérience que plus d'heures de trading ne signifient pas nécessairement plus de profit mais certainement plus de commissions pour le courtier ! Des exceptions existent, surtout si le scalper a le sentiment que le marché est très bon et que beaucoup plus est à venir. Dans ce cas, je recommande même d'augmenter la taille de la position alors que je la réduis les jours faibles ou que je finis simplement de scalper tôt. Le contrôle de la taille de la position est un paramètre très important qui n'a pas sa place dans cette 3ᵉ partie de la série « Le Scalping Est Amusant ! ». Je n'en ai pas parlé dans ce livre parce que cela compliquerait les chiffres et son évaluation inutile.

Figure 22 : Les statistiques de Jenny, Semaine 11

trading statistics	week 11
total trades	49
win	26
loss	23
break-even	0
average win	5,23
average loss	3,41
hitrate	53,06%
payoff-ratio	1,53
expectancy	1,17

Regardons les statistiques de Jenny concernant la 11e semaine. Nous notons que la bonne tendance de la semaine a été confirmée. Maintenant, les chiffres sont intéressants. Le gain moyen, de 5,23, est bien supérieur à la perte moyenne de 3,41. Le *payoff ratio* de 1,53 est maintenant très bon. En outre, Jenny peut compter sur au moins 1,17 pip par trade, ce qui est déjà un bon nombre pour un scalper. Le taux de succès a souffert un peu mais j'étais persuadé qu'il remonterait avec plus d'expérience. Jenny a fait cette semaine un bénéfice de 54,77 €. La somme de ses commissions s'élève à 76,32 €. Ainsi, le revenu hebdomadaire net était de -21,54 €. En d'autres termes, Jenny s'approchait du but : franchir le seuil de rentabilité (*break-even point*). N'oublions pas qu'elle scalpait encore avec de très petits lots sur le FOREX. Cependant, elle était vraiment raisonnable de ne pas augmenter la taille du lot tant qu'elle n'était pas rentable après les commissions.

12ᵉ semaine

Figure 23 : Les trades de Jenny, Semaine 12

							Total
Monday	5	4,1	6,4	-5	1,8	4		23
	7						
Tuesday	-5,1	3	-5	-5	-5,8		
	-5,7	-5,1	2,5	-5,1	6,9	8,7	
	2,5	-1,3	2,9	3,2	-5		-13
Wedn.	-5,1	4,2	-5	5,5	3,7	-3,2	0
Thursd.	4	6,6	-5,1	-4,2	7,9	1,8	
	16,1	5,2	5,5				32
Friday	5,5	4					9
week 12							51

Lors de la 12ᵉ semaine, nous voyons une confirmation supplémentaire que Jenny est sur le bon chemin pour devenir un bon scalper. Ses résultats sont maintenant stables pour la 3ᵉ semaine d'affilée. Elle est disciplinée et limite ses pertes constamment à 5 pips. Occasionnellement, elle a également des gains plus importants, ce qui augmente son résultat sur la semaine.

Figure 24 : Les statistiques de Jenny, Semaine 12

trading statistics	week 12
total trades	39
win	24
loss	15
break-even	0
average win	4,39
average loss	2,37
hitrate	61,00%
payoff-ratio	1,85
expectancy	1,78

Les ratios de ces statistiques ont confirmé mon impression positive. Le bénéfice moyen est maintenant presque deux fois plus élevé que la perte moyenne. Grâce à un stop temporel que nous avions introduit une semaine auparavant, elle a été en mesure de réduire ses pertes, ce qui est bien sûr vraiment positif pour le *payoff ratio*. De plus, l'*expectancy* est maintenant proche de 2 pips, ce qui est excellent pour un scalper.

Jenny a gagné 29,80 € cette semaine après avoir payé les commissions. Cela peut ne pas sembler beaucoup, mais elle est finalement arrivée à être profitable. En outre, cette rentabilité n'est pas sur un terrain fragile comme ce fut le cas lors de la 3e semaine. Elle gagne maintenant de l'argent parce qu'elle garde ses trades perdants aussi petits que possible et elle maximise ses trades gagnants.

3. Quelles sont les performances de trading de Jenny aujourd'hui ?

Vous connaissez maintenant les résultats des premiers 1000 trades que Jenny a fait. Ces chiffres ont plus d'un an. Jenny est devenue un scalper rentable qui traite avec de multiples lots standard sur le marché des changes et vie maintenant de son activité de scalping. Son *payoff ratio* s'est stabilisé dans la fourchette de 1,50 à 1,90 et son taux de réussite se situe encore entre 55 et 60%. Bien sûr, elle paie maintenant encore plus de frais, mais elle pourrait négocier de meilleures conditions de trading avec son courtier en raison du volume élevé de son trading. Je lui avais d'ailleurs conseillé de le faire.

Rien n'est ancré dans la pierre et tout est négociable dans ce monde. N'importe qui est un bon client, comme le sont tous les scalpers, et chacun peut se présenter avec confiance et négocier sur les marchés. C'est bien sûr d'une grande importance lorsque les commissions représentent parfois des milliers d'euros – comme c'est le cas pour un scalper très actif. Néanmoins, vous ne devriez penser ici au montant des commissions mais à la qualité du courtier. Les conditions favorables sont inutiles si vous obtenez des spreads qui sont pires et qu'il y a souvent du *slippage*. Alors, parlez à votre courtier. Cela en vaut vraiment la peine.

4. Le scalping est un business

J'espère avoir démontré avec ce cas que le scalping n'est pas un gadget mais une vraie activité, un vrai business. Cela signifie qu'il faut surmonter les coûts réels, tels que les commissions et les spreads. De plus, il y a toujours du *slippage*. En tant que scalper, vous n'obtenez pas toujours le prix désiré, même si vous avez placé un vrai stop-loss sur le marché.

Le trading et le scalping sont des activités difficiles et seul les meilleurs survivent. Celui qui le nie, ne sait pas ce que c'est. Cependant, je voulais montrer avec la courbe d'apprentissage de Jenny pendant les 3 premiers mois, qu'il est possible d'apprendre cette activité. Avec des bases vraiment bonnes et bien réfléchies, ce business peut être très rentable. Vous savez : sur les marchés, il n'y a pas de limite à la hausse. Tout d'abord, chaque trader doit maîtriser les dures leçons. Ceux qui ont appris le métier correctement ont une chance dans ce monde.

Je vous souhaite beaucoup de succès !

Heikin Ashi Trader

Autres livres par le Heikin Ashi Trader

Le Scalping Est Amusant !

Partie 4 : Trader en état de flow

Les profits en trading ne sont pas égaux sur les 20 jours de trading de chaque mois contrairement à un travail de bureau régulier. L'expérience montre que les résultats sont asymétriques.

Il y a des jours où cela tourne comme des horloges et des jours où le trading semble ne produire que des pertes. Dans ce 4e épisode de la série « Le Scalping Est Amusant ! », le Heikin Ashi Trader met en avant les bons moments pour trader.

Les traders qui ont réussi savent en détail quand ne pas trader. Ils se concentrent sur les moments où les conditions du marché sont optimales pour eux. Dans l'ordre des événements, l'amusement tourne par lui-même, puis le succès le suit.

Dans cet état de « flux », c'est facile à réaliser. Le scalping rapide favorise la fermeture rapide des positions perdantes ainsi que la prise rapide de bénéfices qui est d'importance égale.

Sommaire

1. Ne tradez que lorsque c'est amusant !

2. Quand ne pas trader

3. Les meilleurs horaires de trading pour les indices, les devises et le pétrole

A. Les traders sur le FOREX

B. Les traders sur les indices

C. Les traders sur le pétrole

4. Pourquoi les scalping rapide est mieux que quelques trades bien pensés

5. La discipline est plus simple dans un état de flux

6. Avertissements et instruments de contrôle

7. Quand vous gagnez, soyez agressif. Quand vous perdez, soyez défensif

À propos de l'auteur

Le trader Heikin Ashi est reconnu dans le monde entier comme le spécialiste du scalping avec le tableau Heikin Ashi. Il pratique ce type de trading depuis 19 ans. Il a négocié pour un fonds spéculatif et s'est ensuite lancé dans les affaires pour son propre compte en tant que trader. Son livre sur le scalping " Scalping is Fun ! "est un best-seller international et a été vendu plus de 30 000 fois. Vous pouvez trouver plus d'informations sur sa méthode de scalping sur ce site www.heikinashitrader.net.

Impression

Textes : ©Copyright par Heikin Ashi Trader

Swiss Post Box 106287

Zürcher Strasse 161

CH-8010 Zürich

Suisse

Tous droits réservés.

www.ingramcontent.com/pod-product-compliance
Lightning Source LLC
Chambersburg PA
CBHW061228180526
45170CB00003B/1209